CATALOGUE

DES

TABLEAUX ET DESSINS

DE L'ÉCOLE MODERNE ;

Estampes encadrées et en feuilles ; — Vases en marbre, en albâtre, en rouge antique, terre cuite, biscuit de Sèvres ; — Échantillons de marbres et bois ; — Monuments, modèles en plâtres moulés sur nature, et objets curieux

COMPOSANT LE CABINET

DE FEU M. J. MOLINOS,

Chevalier des Ordres du Roi, de la Légion-d'Honneur et de Saint-Michel ; membre de l'Institut ; architecte de la ville ; inspecteur général des travaux publics du département de la Seine ; membre du comité consultatif des bâtiments de la couronne.

SUIVI DU

CATALOGUE DES LIVRES

COMPOSANT LA BIBLIOTHÈQUE ;

Dont la vente aura lieu rue de la Villevêque, n° 13, le lundi 16 mai 1831 et jours suivants, à onze heures du matin.

L'exposition sera publique les vendredi 13, samedi 14, et dimanche 15.

SE DISTRIBUE

Chez MM.
- SEIGNEUR, Commissaire-priseur, rue Favart, n° 2 ;
- PINART, Commissaire-priseur, rue Gaillon, n° 2 ;
- GALLIOT, Libraire, boulevart de la Madeleine, n° 11 ;
- Ch. PAILLET, Commissaire-expert-honoraire des Musées royaux, rue Grange-Batelière, n° 24.

1831.

IMPRIMERIE DE GUIRAUDET,
RUE SAINT-HONORÉ, N. 315.

AVERTISSEMENT.

Dans le choix d'objet qui composent le cabinet de travail et celui d'agrément de feu M. Molinos, on remarquera facilement que l'une et l'autre partie ont été créées par lui avec un soin extrême; la bibliothèque qu'il s'était formée ne renferme pas seulement les ouvrages classiques relatifs à l'art de l'architecture qu'il a si habilement exercé, mais aussi ceux où sont représentés les monuments les plus curieux de tous les âges et de tous les pays. Empressé de saisir toutes les occasions qui pouvaient augmenter ou compléter ses collections, il était parvenu à réunir les ouvrages les plus remarquables sous le rapport de l'utilité pour son art, et ceux dont la gravure constitue ou relève le mérite. Il suffira de prendre un léger apperçu des principaux articles de ce catalogue pour reconnaître à la fois et l'artiste et l'amateur; nous citerons seulement la suite coloriée des arabesques, stucs et voûtes d'après Raphaël, par Volpato et Ottaviani, qui est une des plus belles connues. Elle faisait partie du cabinet de M. Heurtault, et c'est à la vente de ce dernier, faite en 1825, que M. Molinos a considérablement augmenté les richesses qu'il possédait déjà, et parmi lesquelles on remarquera le musée Florentin, l'œuvre complet de Piranesi, le musée britannique, le grand ouvrage de la commission d'Egypte et les œuvres des plus célèbres architectes.

Parmi les dessins on n'en remarquera pas sans intérêt deux très capitaux de M. Baltard, un magnifique dessin aquarelle par Thibault et d'une belle dimension ; des sujets très habillement traités par M. Lafitte, un des plus parfaits dessinateurs du siècle, sage dans ses compositions, pur et correct dans son art ; des vues de Suisse par Keyserman, et des dessins coloriés de Nicole dont le genre n'est point encore passé de mode, et qui restera inamovible dans les cabinets comme les monumens qu'il a représentés ; d'autres fort bons dessins par des artistes de différentes époques, qui seront utiles à consulter et fort agréables à la vue ; peu de tableaux, mais ils sont par Demarne, Bertin, Desmoulin, Turpin de Crissé, Villeneuve, et ils ont été enviés par les actionnaires de la société des amis des arts : voilà tout leur éloge. Quelques vases de matière assez précieuse ; une collection de modèles de monuments de l'antiquité, moulés en plâtre ; des médailles d'or et d'argent de récompense et d'honneur, et quelques objets de curiosité qui ne se trouvent que chez l'homme de goût. Voilà ce qui composera les huit jours de vente que nous sommes chargé de diriger.

Ch. P.

ORDRE DES VACATIONS.

CABINET.

Première vacation, lundi 16 *mai* 1831 *à* 11 *heures.*

Tableaux, n. 1 à 6. — Dessins, n. 7 à 28. — Objets divers, n. 29 à 44. — Modèles en plâtres, n. 45 à 67. — Instruments d'architecture, n. 68 à 69.

Deuxième vacation, mardi 17.

Médailles, n. 70 à 94. — Estampes encadrées, n. 95 à 105. — Estampes en feuilles, n. 106 à 127.

LIVRES.

Première vacation, mercredi 18 *mai* 1831.

Nos 1 à 26.
39 — 69.
27 — 36.

Deuxième vacation, jeudi 19.

70 — 138.

Troisième vacation, vendredi 20.

245 — 269
139 — 181.

Quatrième vacation, samedi, 21.

270 — 295.
182 — 225 *bis.*

Cinquième vacation, lundi 23.

126 — 244.
401 — 412.
296 — 333.

Sixième vacation, mardi 24.

335 — 400.

Les livres seront réputés complets à moins de déclaration contraire lors de la mise en vente; aucun ne sera repris pour taches, mouillures, piqures, etc.; on aura facilité de les collationner sur place dans les 24 heures, mais ce délai passé, ou les livres une fois sortis de la salle, ils ne seront admis à aucun rapport.

Le libraire chargé de la vente recevra les commissions qui lui seront adressées.

CATALOGUE

DES

TABLEAUX, DESSINS, ESTAMPES,

VASES, MONUMENTS, ET OBJETS CURIEUX.

1. Scène de templiers, par M. Auguste *Desmoulins.*
2. Vue du temple de Vesta, par M. *Turpin de Crissé.*
3. Paysages et fabriques d'Italie, par M. *Villeneuve.*
4. Bateaux de pêcheurs abordant contre une jetée, par *Demarne.* (*Ces quatre tableaux proviennent de lots gagnés à la société des amis des arts.*)
5. Deux paysages, sites d'Italies, et peints sur panneaux de forme ronde, par M. *Bertin.*
6. Monuments de Rome et Porte extérieure de ville, par un artiste moderne.

Dessins encadrés.

7. Le Bain de Psyché, grande composition de six figures, intéressante par les accessoires qui l'enrichissent. Ce dessin, un des ouvrages les plus marquants de M. *Lafitte*, est au crayon noir sur papier teinté et légèrement rehaussé de blanc.

8. Allégorie aux arts libéraux, la peinture, la sculpture, l'architecture et la musique, dessin à la plume par *Lafitte*.
9. Feu d'artifice et enlèvement du ballon à l'occasion de la fête de Napoléon, dessin par *Lafitte*.
10. Deux trophées pour les fêtes données par la ville : dessins au crayon noir sur papier tinté, par le même.
11. Un dessin d'un très grand fini, à la plume et au bistre, pour la médaille du baptême, par le même.
12. Les Ruines du temple de la Paix et le Panthéon, deux pièces capitales dessinées à l'aquarelle et d'un ton très vigoureux, par M. *Baltard*. Ils passent pour les plus importants de cet artiste.
13. Trois grands dessins au lavis, projets de la continuation de l'hôtel-de-ville, par M. *Molinos*.
14. Paysage composé, site d'Italie et fabriques. Très beau et capital dessin à l'aquarelle, par *Thibaut*.
15. Huit dessins au lavis, par le même; vues des bords du Tibre. Cet article formera deux lots.
16. Deux grandes vues d'Asie coloriées, architecture, paysage et fragments de ruine, par *Cassas*.
17. Chute d'eau dans un site de montagnes; dessin très capital, par *Keyserman*.
18. Deux autres dessins, de forme en hauteur, vue de l'arc Vespasien, et temple près Tivoli.
19. Le Temple de Pœstum, aquarelle par *Keyserman*.
20. Quatre petites vues de Paris, par *Nicolle*.
21. Trois vues des édifices de Rome, par le même.
22. Le château de Caserte, la villa Portici et une vue de Pœstum, trois dessins sous verre et encadrés, par M. *Lusier*.

23. Le Temps surpris par l'Amour, dessin à la plume, fortement écrit et teinté de bistre, par *Gauffier*.

24. Paysage au bistre, vue d'Italie, paysage au crayon noir d'après M. *Bertin*. Une tulipe par *Vanspaendonek* et un grand dessin aquarelle, par *Desprès*, incendie de Trébisonde.

25. Décoration d'architecture, dessin légèrement colorié par *Fuentès*, et incendie de Trebisonde, grande aquarelle, par *Desprès*.

26. Monuments de Rome, dessinés à la plume et légèrement lavés, deux petits dessins faisant pendant, par *Commarieu*, plus un grand dessin, projet de fontaine, par le même.

27. Projet d'hôtel-de-ville, course aux chevaux, par *Commarieu*, et dessin de la barrière de Charenton.

28. Un petit dessin dans la manière de *Boissieu*, Attaque du peuple près la Halle aux farines, dessin historique par *Delarue*.

Objets divers.

29. La Vénus Pudique et la Vénus Callipidge, deux *terres cuites*, réduction d'après l'antique. Ces deux figures, d'une jolie dimension, sont modelées en terre cuite, par *Clodion*.

30. La lecture et l'écriture personnifiées par deux enfants; *biscuits* de Sèvres.

31. Deux petites cuves et vases, forme d'œuf, *rouge antique* sur plinthes.

32. Deux vases, forme d'urne, *marbre vert antique*, culot en bronze doré.

33. Quatre coupes en *albâtre* et à pied douche.

34. Deux vases *grecs* dont un fracturé.

35. Deux tasses et soucoupe à médaillon et ornements, *anciens émaux de Limoges*.
36. Une aiguière et un petit piédestal avec médaillon, figures et ornements, aussi en *émail de Limoges*.
37. Deux vases forme de Médicis, *albâtre* sur fûts de colonnes en porphire et serpentin.
38. Deux vases forme de Médicis en *albâtre* gypseux.
39. Quatre statues en *plâtre*, dont la Vénus de Milo, le Cyparis, la Cérès d'après l'antique, et une muse.
40. Un lot d'*échantillons* de variétés de marbre et bois indigène et exogène, modèles pour les décorations.
41. Un pain d'*encre de Chine*, six pouces et demi de long, avec relief rehaussé d'or, aux armes impériales.
42. Deux autres pains d'encre de Chine, dont le chien de Foé, dans sa boîte.
43. Treize costumes peints, style de Callot.
44. Un petit bouquet en papier et quelques médaillons.

Modèles en plâtre des monuments de l'antiquité.

45. Le Panthéon.
46. Temple d'Antonin et Faustine.
47. La tour des Vents à Athènes.
48. La Fortune virile à Rome.
49. L'arc de triomphe de Thésée.
50. Le Tombeau de Mauzole.
51. Temple de Neptune à Palmire.
52. Temple de Vesta à Tivoli.

53. Arc de triomphe.
54. Temple d'Auguste César à Paula, en Grèce.
55. Fragment de la galerie Palmire.
56. Monument d'Auguste.
57. Temple d'ordre ionique.
58. Les propylées d'Athènes.
59. Temple d'Erectée.
60. La Bourse de Palmire.
61. Temple de Pœstum.
62. Le Parthenon.
63. Monument de Lysicrate, dit Lanterne de Démosthène.
64. Tombeau de Milassa.
65. Restauration du monument de Lysicrate tel qu'il est exécuté à Saint Cloud.
66. Temple de Vénus à Balbec.
67. Une suite considérable de plâtres moulés sur l'antique et sur des monuments de la renaissance, en fragments de bas-reliefs, frises, arabesques, consoles, culots, modillons, etc., dont la plupart sont d'une grande rareté. Il en sera fait des lots numérotés.

Instruments d'architecture.

68. Règles, compas, équères, toises et ustensiles d'architecture, dont il sera formé des lots.

69. Auge, équère, truelle et autres *instruments* garnis en argent et ayant toujours été employés dans les cérémonies de la pose des premières pierres.

Médaillesmodernes en or et en argent.

Or.

70. Médaille pour la statue de Henri IV, 1817. (La même en bronze.)

71. Médaille pour les fêtes du couronnement de de Napoléon, données à l'Hôtel-de-Ville. (La même en bronze.

72. Médaille pour le rétablissement de la statue de Henri IV.

73. Quatre pièces; une du Pape, une de Louis XIV, une de Georges IV, et une pièce de 24 livres.

74. Médaille du pape Pie VI. (La même en argent.)
Nota. Les médailles doubles seront vendues séparément.

Argent.

76. Tutela presens. Frimaire an XIII *Galle.* (La même en bronze.)

76. La ville de Paris présente l'enfant du duc de Berry, 29 septembre 1820. *Andrieu.* (La même en bronze.)

77. Les clés de la ville de Paris offertes à Louis XVIII. Adventus regis, III mai 1814. (La même en bronze.)

78. Médaille pour la pose de la première pierre de l'église de Saint-Jean. *Gayrard*, 1827. (La même en bronze.)

79. Pannonia subacta; médaille à la gloire de Napoléon. 1er décembre 1805. (La même en bronze.)

80. Le Sacre de Rheims, 19 mai 1825.

81. Palais de la Bourse et du Tribunal de commerce. *Petit.* 1825. (La même en bronze.)

82. Deux médailles; pose de la première pierre de la barrière de Pantin pour la fête de Charles X.

83. Pose de la première pierre de la barrière Poissonnière. 1824.

84. Halle au blé et abattoir de la ville d'Orléans.

85. Pose de la première pierre de la barrière de Sèvres.
86. Marie-Thérèse-Charlotte, duchesse d'Angoulême, visite les champs vendéens, septembre 1823. — Eglise de Montrouge.
87. Sacre de Rheims, 29 mai 1825.
88. Pose de la première pierre de la barrière Rochechouart.
89. Spes altera regni, pièce du mariage. — Mariage de Napoléon et Marie-Louise. — *Denon*, 1810.
90. Six jetons divers.
91. Dix pièces de monnaie neuves.
92. Sept pièces, commerce de vin, bois flotté, 1649, et 5 petites pièces.

Bronze.

93. 34 médailles de différents règnes et époques.
94. Un lot de pièces de monnaie et médailles.

Estampes encadrées.

95. La Farnésienne, ou Histoire de Psyché, peinte par Raphaël, dans la galerie du palais Farnèse; dix pièces rares, coloriées et gouachées.
96. Deux pièces des arabesques, d'après Raphaël.
97. Le Bélisaire, d'après David, par *Morel*.
98. La suite dite les grandes batailles d'Alexandre, d'après Lebrun, par *Edelinck* et *Gérard Audran*.
99. Psyché porté par les Amours, d'après Prud'hon.
100. Ossian, d'après M. Gérard, par M. *Godefroy*. Epreuve avant la lettre.
101. La Poésie, la Théologie, la Justice et la Jurisprudence, quatre pièces d'après Raphaël, par R. *Morghen*. Epreuves avant la lettre.

102. Les deux Chars, d'après M. C. Vernet, par M. *Godefroy*, deux pièces avant la lettre.

103. L'amour et Psyché, d'après M. Gérard, par M. *Godefroy*. Epreuve avant la lettre.

104. L'Innocence, d'après M. Merimée, par *Bervic*, et Nymphes brûlant leurs ailes, d'après Gaule, par *Coupé*.

105. Bonaparte à la Malmaison, par *Isabey*, et portrait de Marie-Louise. Deux pièces avant la lettre.

Estampes en feuilles.

106. Les arabesques, stucs et voûtes d'après Raphaël, par Volpato et Ottaviani; savoir: arabesques, 14 pièces; stucs, 12 pièces; voûtes 13 pièces; plus, les deux portes et la vue générale de la galerie; en tout, 44 pièces, coloriées avec le plus grand soin. Cette suite, des mieux conservées, provient du cabinet de M. Heurtault, n. 49 du catalogue, où elle fut portée à 1351 fr.

107. Le même exemplaire, figures en noir.

108. Eliézer et Rébecca, d'après Poussin, par M. B. *Desnoyers*.

109. La Visitation, d'après Raphaël, par M. Desnoyers. — La Vierge au poisson, par *le même*.

110. La Nymphe, d'après M. Lancrenon, par M. *J. Bein*, deux épreuves.

111. Properzia de Rossi sculptant son dernier ouvrage, d'après M. Ducis, par M. *Sixdeniers*. — Henry IV, Sully et Gabrielle, d'après Fragonard, par M. *Gerant*.

112. La Vierge et l'Enfant-Jésus, d'après Raphaël, par M. *Desnoyers*. — Ste. Catherine d'Alexandrie, par le même. — Raphaël et la Fornarina, d'après M. Picot, par M. *Garnier*, 3 pièces.

113. La Dame de charité, d'après mad. Haudebourt, par M. *Leroux*. — Religieux rançonnés, d'après M. Fleury, par M. *Thouvenin*. — L'Arioste, d'après M. Mauzaisse, par M. *Ruhiere*. 3 pièces.
114. Orphée et Euridice, d'après M. Drolling, par *M. Garnier*, épr. av. la lettre.
115. La même, avec la lettre.
116. Corine, d'après M. Gérard, par *M. Prévost*, épr. av. la lettre.
117. La même, avec lettres grises.
118. La mort de Rolland, d'après Michallon, par M. *Lemaistre*, épr. av. la lettre. — La Famille indigente, d'après Prud'hon, par M. *Toussaint Caron*, 2 épr.
119. L'Entrée de Henry IV à Paris, d'après M. Gérard, par *Toschi*.
120. Les Adieux de Fontainebleau, d'après M. Horace Vernet, par M. *Jazet*.
121. Le Retour de l'île d'Elbe, d'après M. Stenbe, par M. *Jazet*.

OMISSIONS.

Modèles en plâtre, grande dimension.

122. Fragment de la galerie de Palmire.
123. Temple de la fortune Virile.
124. Temple d'Erecthée.
125. Propylée d'Athènes.
126. Frontispice du Parthénon.
127. Beaucoup d'articles non détaillés dans le catalogue seront compris sous ce numéro.

CATALOGUE

DES LIVRES

DE LA BIBLIOTHÈQUE

DE FEU M. MOLINOS.

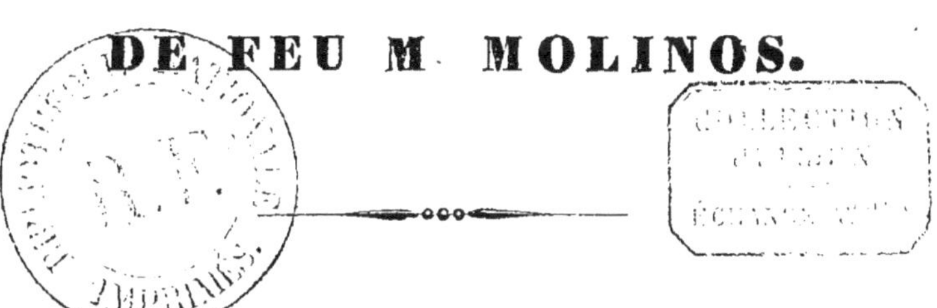

THÉOLOGIE ET JURISPRUDENCE.

1. Dictionnaire historique, critique, chronologique, géographique et littérale de la Bible, par don A. Calmet. *Paris*, 1722, 2 vol. in-fol. fig. v. m.
2. De Tabernaculo fœderis, de sancta civitate Jerusalem et de templo ejus, libri septem, autore Bernardo Lamy. *Parisiis*, Mariette, 1720, in-fol. fig. v. m.
3. La Bible enfin expliquée par plusieurs aumôniers de S. M. L. R. D. P. (Voltaire.) *Londres*, 1776, 2 vol. in-8. mar. v. t. d.
4. Recueil méthodique et raisonné des lois et règlemens sur la voirie, par Davenne. *Paris*, 1824, in-8. d. rel.

SCIENCES ET ARTS.

INTRODUCTION, MORALE, HISTOIRE NATURELLE, etc.

5. Encyclopédie, ou Dictionnaire raisonné des sciences et arts, et des métiers. *Genève*, 1778; 56 vol. in-4. d. r.

6. Le Dictionnaire universel des arts et des sciences. *Paris*, 1736, 2 vol. in-fol. v. m.

7. Dictionnaire des sciences et des arts, par Lunier. *Paris*, 1806, 3 vol. in-8. v. rac. fil.

8. Recueil de planches sur les sciences, les arts libéraux et les arts mécaniques. *Paris*, 1772, in-fol. d. r.

9. Entretien de Phocion sur le rapport de la morale avec la politique, trad. par Mably. *Paris*, Didot le jeune, an III (1795), in-4. pap. vél. fig. v. bleu, dent. t. d.

10. Essais de Michel de Montaigne, avec les notes de tous les commentateurs. *Paris*, 1823, 5 vol. in-8. port. d. rel.

11. Mémoire sur les moyens de corriger les malfaiteurs et fainéans à leur propre avantage, et les rendre utiles à l'état, par le vicomte Vilain XIII. *Gand*, s. d. (1775,) in-4. fig. mar. r. dent. t. d.

12. The state of the prisons in England and Wales, by John Howard. *Warrington*, 1784, in-4. fig. b. gr.

13. OEuvres complètes de Buffon. *Paris*, imprimerie royale, 1774, 60 vol. in-12, fig. v. m.

Savoir : Histoire naturelle, 14 vol. — Minéraux, 9 vol. — Quadrupèdes, 13 vol. — Oiseaux, 18 vol. — Ovipares et serpents, 6 vol.

14. Recherches sur les volcans éteints du Vivarais et du Velay, par Faujas de Saint-Fond. *Paris*, 1778, in-fol. fig. dos de mar. r.

15. Histoire des arbres et arbrisseaux qui peuvent être cultivés en pleine terre sur le sol de la France, par Desfontaines. *Paris*, 1809, 2 vol. in-8. d. r.

16. Dictionnaire raisonné et universel des animaux, ou le règne animal, (par de la Chenaye-des-Bois.) *Paris*, 1759. 4 vol. in-4. d. rel.

17. Des Monstruosités et des bizarreries de la nature, par Jouard. *Paris*, 1807, 2 vol. in-8. d. r.

18. Physiologie du goût, ou Méditations de gastronomie transcendante, (par Brillat de Savarin.) *Paris*, 1826, 2 vol. in-8. br.

19. L'Art de connaître les hommes par la physionomie, par Gaspard Lavater. *Paris*, 1806, 10 vol. gr. in-fol. fig. dos de mar.

20. Elémens de pyrotechnie, par C. Ruggieri. *Paris*, 1802, in-8. fig. d. r.

21. Elémens de pyrotechnie, divisés en cinq parties, par Cl. F. Ruggieri. *Paris*, 1821, in-8. fig. pap. vél. v. dent. t. d.

22. Veterum mathematicorum Atheuæi, Appolodori, Philoni, etc. opera, gr. et latine. *Parisiis*, ex typogr. Regia, 1693, in-fol. fig. dos de mar. bl.

23. L'Art du menuisier, du layetier, du menuisier en meubles, du menuisier-carrossier, etc. par Roubo. *Paris*, 1769, 6 vol. in-fol. vél.

24. La Fidelle ouverture de l'Art du serrurier, où lon void les principaulx préceptes, desseings, etc. par Math. Jouss. *La Flesche*, 1627, in-fol. fig. en bois. — Le Théâtre de l'Art du charpen-

tier, par Math. Jousse. *La Flèche*, 1627, in-fol. fig. enbois, dos de mar. violet.

25. Description de ce qui a été pratiqué pour fondre en bronze d'un seul jet la figure équestre de Louis XIV, élevée par la ville de Paris, etc., par Boffrand. *Paris*, 1743, in-fol. fig. v. fauve.

26. Description des travaux qui ont précédé, accompagné et suivi la fonte en bronze d'un seul jet de la statue équestre de Louis XV, dressée sur les mémoires de Lempereur, par Mariette. *Paris*, 1768, in-fol. fig. dem. rel.

BEAUX-ARTS.

PEINTURE, SCULPTURE.

27. Storia delle arti del disegno, presso gli antichi, di Giov. Winkelmann, tradotta dall abatte Carlo Fea. *Roma*, 1783, 2 vol. in-4. fig. d. r.

28. Fr. Junii de pictura veterum libri tres; accedit catalogus architectorum, mechanicorum, sed præcipue pictorum, statuariorum, etc. *Roterodami*, 1694, in-fol. vél.

29. Le Pausanias français; état des arts du dessin en France à l'ouverture du XIXe siècle, salon de 1806, (par Chaussard dit Publicola.) *Paris*, 1806, gr. in-8. fig. d. r.

30. Application de la perspective linéaire aux arts du dessin; ouvrage posthume de J. T. Thibault, mis au jour par Chapuis. *Paris*, 1827, gr. in-4. pap. vél. fig. dos de mar. chocolat, n. r.

31. Galerie du Musée Napoléon, publ. par Filhol, et rédigée par Joseph Lavallée. *Paris*, Filhol, 1804-1815, 10 vol. gr. in-8. dos de mar. r. n. r. — Musée royal de France, ou Collection gravée des chefs-d'œuvre de peinture et sculpture dont il s'est enrichi depuis la restauration, avec un texte, par M. A. Jal; livraisons nos 1 à 12.

32. Concours décennal, ou Collection gravée des ouvrages de peinture, sculpture, architecture. *Paris*, Filhol, 1812, gr. in-4. pap. vél. fig. dos de mar. r. n. r.

33. Annales du Musée et de l'Ecole des beaux-arts, publiées par Landon. *Paris*, 1801-1810, 17 vol. — Paysages, 4 vol. — Partie ancienne, 5 vol. — Salons de 1808, 2 vol. — 1810, 1 vol. — 1812, 2 vol. — 1814, 1 vol. — 1817, 1 vol. — 1819, 2 vol. — 1822, 2 vol; en tout 37 vol. en nos.

34. Choix de tableaux et statues des plus célèbres musées et cabinets étrangers, pour faire suite aux Annales du Musée, par Landon. *Paris*, 1819, 8 livraisons ou 4 vol. in-8.

35. Annales de l'école française des beaux-arts, pour faire suite aux Salons de 1808 à 1824, publ. par Landon. *Paris*, 1827, 6 livraisons ou 1 vol. in-8.

36. Musée de peinture et de sculpture, ou Recueil des principaux tableaux, statues et bas-reliefs des collections publiques et particulières de l'Europe, dessiné et gravé par Réveil. *Paris*, 1828-1831, 114 livraisons, pet. in-8.

Manque la 101e livrais.

39. Arabesques antiques des bains de Livie et de la ville Adrienne, avec les plafonds de la ville Madame, d'après les dessins de Raphaël, et gravés par les soins de M. Ponce. *Paris*, 1789, in-fol. fig. dos de mar. lilas.

40. Recueil d'estampes d'après les dessins de F. Barbieri, dit Guercino, qui n'ont pas encore été gravées, tirées de différentes collections d'amateurs, par Bartsch. *Paris*, 1808, gr. in-fol. cart. n. r.

41. Recueil de testes de caractère et de charges, dessinées par Léonard de Vinci. *Paris*, 1730, gr. in-4. v. m.

42. Les Amours des dieux; recueil de compositions dessinées par Girodet et lithographiées par ses élèves, avec un texte explicatif, rédigé par P. A. Coupin. *Paris*, Engelmann. in-fol. fig. sur pap. de Chine, dos de mar. r.

43. Suite de l'Illiade et de l'Odyssée d'Homère, d'après les dessins de J. Flaxman, gravés par Th. Piroli. — Compositions from the tragedies of Æschylus, designed by John Flaxman, engraved by Piroli.—L'OEuvre des jours et la Théogonie d'Hésiode, gravés d'après Flaxman par mad. Soyer. *Paris*, Bance, 1821.—Les Argonautes selon Pindare, Orphée et Apollonius de Rhodes, en 24 planch. dessinées par A. J. Carstens et gravées par J. Koch. *Rome*, 1779, in-fol. oblong, fig. dos de mar. r.

44. Anacréon; recueil de compositions dessinées par Girodet et gravées, avec la traduction en prose des odes de ce poète, faite également par Girodet, par Chatillon. *Paris*, (de l'impr. de Firmin Didot, 1825,) Chaillou, in-fol. pap. vél. fig. dos de mar. r.

45. Sapho, Bion, Moschus; recueil de composi-

tions dessinées par Girodet et grav. par Chatillon, avec la trad. en vers par Girodet et une notice par M. Coupin. *Paris*, 1827-29, 3 vol. pet. in-fol. fig. dos de mar. r. n. r.

Le vol. de Bion est broché.

46. Enéide; suite de compositions de Girodet, litographiées d'après ses dessins par MM. Aubry, Lecomte, Chatillon, etc. publiée par M. Pannetier. *Paris*, S. D. gr. in-fol. oblong, dos de mar. r. n. r.

47. Compositions tirées des Géorgiques, par Girodet; lithographiées par ses élèves et publiées par M. Pannetier. *Paris*, S. D. gr. in-fol. oblong, dos de mar, r. n. r.

48. Recueil de 132 sujets composés et gravés par Fragonard fils, dix livr. in-fol.

49. Faust; recueil de compositions lithogr. par Muret. *Paris*, Auvray, in-4. oblong, br.

50 OEuvre d'Israël Silvestre, avec table manuscrite, in-fol. max. v. br.

51. Recueil d'un grand nombre de vues des plus belles villes, palais, châteaux, maisons de plaisance de France, d'Italie, etc. dessinées et grav. par Israël Silvestre. 2 vol. très gr. in-fol. v. éc. fil.

Contenant 896 pièces sur 253 feuillets et un beau portrait gravé par Edelinck; chaque volume a une table manuscrite.

52. Vues d'Italie, gravées d'après les dessins de Silvestre. *Paris*, S. D. (1654,) in-fol. oblong, v. br.

53. Souvenirs d'Italie, d'après les croquis de M***, lithogr. par Ad. Bouchet. *Paris*, Everat, 1826, 2 liv. in-fol.

54. Vues pittoresques de l'Italie, dessinées d'après

nature par Coignet, et lithogr. par Allaux, Deroy, etc. *Paris*, 1826, gr. in-fol. dos de mar. bl. n. r.

55. Recueil de vues et fabriques pittoresques d'Italie, dessinées d'après nature par Bourgeois. *Paris*, S. D. (vers 1810,) in-fol. dos de mar. r.

56. Vues de la Sicile, peintes par Hackert et gravées par Dunker. *Rome*, S. D. in-fol. obl. d. r.

57. Vues pittoresques du Dauphiné et du Lyonnais, dessinées et lithogr. par Jaçottet. *Paris*, S. D. gr. in-fol. dos de mar. r. n. r. — Recueil de vues lithogr. d'après les dessins de Michallon, gr. in-fol. dos de mar. n. r. — La France au XIXe siècle, (recueil de 16 lithographies.) *Paris*, 1825, gr. in-fol. dos de mar. bl. n. r.

58. Catalogue des tableaux de Dufourny, par M. Delaroche. 1819, in-4. fig. au trait, dos de mar. r.

59. De l'usage des statues chez les anciens, essai historique, (par l'abbé de Guasco.) *Bruxelles*, 1768, in-4. fig. v. m.

60. Le Jupiter Olympien, ou l'Art de la sculpture antique considéré sous un nouveau point de vue; ouvrage qui comprend un essai sur la sculpture polychrome, l'analyse explicative de la torentique, et l'histoire de la statuaire en or et en ivoire chez les Grecs et les Romains, avec la restitution des principaux monuments de cet art, par M. Quatremère de Quincy. *Paris*, Didot, 1815, gr. in-fol. fig. fig. col. cart.

Cet ouvrage n'a été tiré qu'à 250 exemplaires.

61. Monuments de sculpture anciens et modernes, publiés par Vauthier et Lacour. *Paris*, 1812, in-fol. fig. dos de mar. cit. n. r.

62. Recueil des sculptures d'ornemens exécutées en carton-pierre par Hirsch, dessinés et lithogr. par J. B. Arnout. *Paris*, 9 liv. in-4.

ARCHITECTURE.

1. *Histoire, Traités et cours élémentaires, Dissertations générales.*

62 *bis*. L'architecture considérée sous le rapport de l'art, des mœurs et de la législation, par C. N. Ledoux. *Paris*, 1804, in-fol. tome 1er, dem. rel.

63. Storia dell' architettura, nella quale oltre le vite degli architetti, adornata di rami. *Venezia*, 1747, in-8. fig. dem. rel.

64. Dictionnaire d'architecture, par M. Quatremère de Quincy, (partie de l'encyclopédie méthodique.) *Paris*, 1788, 3 vol. in-4. dem. rel.

65. Journal des bâtiments civils, des monuments et des arts. *Paris*, an IX à 1808, 25 vol. in-8. fig. dem. rel.

66. Cours d'architecture, qui comprend les ordres de Vignole, avec des commentaires par Daviler et Mariette. *Paris*, Jombert, 1756, in-4. fig. dem. rel.

67. Précis des leçons d'architecture données à l'école polytechnique par J. N. L. Durand. *Paris*, 1802-04, 2 vol. in-4. fig. dem. rel.

Le volume de figures est relié de format oblong.

68. Les cinq rangs de l'architecture, à sçavoir : tuscane, dorique, ionique, corinthiaque et composée, avec l'instruction fondamentale faicte par Henry Hondius. *Amst.* 1617, in-fol. fig.

69. Mémoires sur les objets les plus importants de l'architecture, par Patte. *Paris*, 1769, in-4, fig. bas.

70. Discours sur les monuments publics de tous

les âges et de tous les peuples, par l'abbé de Lubersac. *Paris*, de l'impr. royale, 1775, in-fol. fig. v. m. fil.

71. Parallèle de l'architecture antique et de la moderne, avec un recueil des dix principaux auteurs qui ont écrit des cinq ordres (par Fréard de Chambray). *Paris*, 1702, in-fol. fig. v. br.

2. *Traité d'architecture pratique.*

72. Recherches sur la nature et l'étendue d'un ancien ouvrage des Romains, appelé communément briquetage de Marsale, par d'Artezé de la Sauvagère. *Paris*, 1740, in-8. fig. dem. rel.

73. Recherches expérimentales sur les chaux de construction, les bétons et les mortiers ordinaires, par Vicat. *Paris*, 1818 in-4. dem. rel.

74. Guide de ceux qui veulent bâtir, par le Camus de Mézières. *Paris*, 1786, 2 vol. in-8. d. r.

75. Nouveau traité de l'architecture, ou l'art de bâtir, utile aux entrepreneurs et aux ouvriers, par de Cordemoy. *Paris*, 1714, gr. in-4. fig. m. r. t. d.

3. *Architecture ancienne et du moyen âge.*

76. De l'architecture égyptienne, considérée dans son origine, ses principes et son goût, et comparée sous les mêmes rapports à l'architecture grecque, par M. Quatremère de Quincy. *Paris*, 1803, in-4. fig. d. r.

77. M. Vitruvius, per Jocundum solito castigatior factus. *Venetiis*, Joa. de Tridino, 1511, in-fol. fig. en bois, v. br. fil.

Bien conservé.

78. M. Vitruvii Pollionis de architectura libri de-

cem. *Lugduni*, 1542, in-4. fig. en bois, mar. r. t. d. lavé réglé.

79. Idem libri decem, locis quam plurimis emendati; adjunctis nunc primum Gul. Philandri Castilionii castigationibus atque annotationibus, una cum lib. II Sex. Jul. Frontini de aquæductibus Romæ, et Nicolai Cusani dialogo de staticis experimentis. *Argentorati*, 1550, in-4. v. f. — Iidem libri decem, cum commentariis Danielis Barbari. *Venetiis*, 1567, pet. in-fol. fig. en bois, vél.

80. Architecture, ou art de bâtir, de Marc Vitruve Pollion, mis de latin en françoys par Jean Martin. *Paris*, Hier. Marneff, 1572, in-fol. fig. en bois, dos de mar. v.

81. Les dix livres d'architecture de Vitruve, corrigés et traduits en françois, avec des notes, (par Perrault.) *Paris*, Coignard, 1673, in-fol. fig. v. m.

81 *bis*. Les mêmes. *Paris*, Coignard, 1684, gr. in-fol. fig. v. f.

Exempl. avec la grav. de Sébast. Le Clere.

82. I dieci libri dell' architettura di Vitruvio, tradotti e commentati da Daniello Barbaro. *Vinegia*, Fr. Marcolini, 1556, in-fol. fig. en bois, dos de mar. r.

83. I dieci libri dell' architttura di M. Vitruvio, trad. et commentati da Dan. Barbaro. *Venetia*, 1629, in-4. fig. en bois, v. m.

84. L'architettura di Vitruvio, colla traduzione italiana e comento del marchese Bernardo Galiani. *Napoli*, 1758, in-fol. fig. dos de mar. r.

85. L'Architettura di Marco Vitruvio, tradotta e comentata dal marchese Bernardo Galiani. *Sienne*, 1790, in-fol. fig. dem. rel.

86. Los dies libros de architectura de Vitruvio, traducidos del latin y comentados por don Joseph Ortiz y Sanz. *Madrid*, impr. real, 1787, gr. in-fol. fig. dos de mar, vert.

87. The civil architecture of Vitruvius, comprising those books of the author which relate to the public and private edifices of the ancients, translated by Wm Wilkins, illustraded by numerous engravings, with an introduction, containing an historical view of the rise and progress of architecture amongst the Greks. *London*, 1812, 1 vol. gr. in-4. rel. en 2, pap. vél. fig. dos de mar. bleu à nerfs.

Interfolié de pap. blanc.

88. Sex. Julii Frontini de aquæductibus urbis Romæ commentarius, restitutus atque explicatus operâ et studio Joa Poleni. *Patavii*, 1722, in-4. v. br.

89. Commentaire de S. J. Frontin sur les acqueducs de Rome, avec le texte latin en regard, suivi de la description des principaux acqueducs construits jusqu'à nos jours, par M. J. Rondelet. *Paris*, 1820, gr. in-4. et les planches en un vol. gr. in-fol. dem. rel. n. r.

4 *Architectes italiens.*

90. L'Architettura de L. B. Alberti, trodotta in lingua fiorentina da C. Bartoli. *Venetia*, 1565, in-4. fig. en bois, dos de mar.

91. L'Architecture et art de bien bâtir, de Léon-Baptiste Albert, traduit du latin en françois par J. Martin. *Paris*, J. Kerver, 1553, in-fol. fig. en bois, dos de mar. bleu.

Mouillé, le dernier feuillé raccommodé.

92. OEuvres complètes de Jacques Barozzi de Vignole, publiées par MM. Lebas et Debret. *Paris*, de l'impr. de P. Didot l'aîné, 1815, 14 livraisons gr. in-fol.

93. Il terzo libro di Sabastiano Serlio nel qual si figurato et descrivono le antiquita di Roma, etc. *Venetia*, 1540. — Regole generale di architettura di Sab. Serlio sopra le cinque maniere de gli edifici, etc. *Venetia*, (libro quarto,) 1540, in-fol. fig. v. f. fil.

94. Il primo libro d'architettura di Sabastiano Serlio, avec la traduction françoise, par Jehan Martin. *Paris*, 1545, in-fol. fig. en bois, dos de mar. bleu à nerfs.

95. L'Architettura di Andrea Palladio, divisa in quatro libri. *Venetia*, 1642, p. in-fol. fig. en bois, dos de mar. vert.

96. Les Bâtimens et les dessins d'André Palladio, recueillis et illustrés par Oct. Bertotti Scamozzi, en ital. et en franç. *Vicence*, 1776-83, 4 v. gr. in-fol. — Les Thermes des Romains, dessinés par A. Palladio, et publiés de nouveau avec quelques observations par Oct. Bertotti Scamozzi. *Vicence*, 1785, gr. in-fol. Les 5 vol. dos de mar. r.

Bel exemplaire bien conservé.

97. OEuvres complètes d'André Palladio, édit. donnée par MM. Chapuy et Améd. Beugnot. *Paris*, Al. Corréard, 1825, livraisons 1 à 24, in-fol.

98. L'Idea della architettura universale di Vincenzo Scamozzi. *Venetia*, 1615, 2 vol. in-fol. fig. vél.

99. OEuvre d'architecture de Vinc. Scamozzi, tr. par Ch. D'Aviler et Sam. Du Ry. *La Haye*, 136, in-fol. fig. v. br.

5. *Architectes français.*

100. Architecture de Philibert de Lorme, avec une belle invention pour bien bastir et à petits frais. *Rouen*, Dav. Ferrand, 1648, 2 tomes en 1 v. in-fol. fig. dos de mar. r.

101. Le premier volume des plus excellents bastiments de France, par Jacq. Androuet du Cerceau. *Paris*, 1576, in-fol. fig. v. f.

102. Petit œuvre d'architecture de J. Marot. *Paris*, 1764, in-4. fig. v. m.

103. OEuvre d'architecture de Marie-Joseph Peyre. *Paris*, 1765. — Supplément. 1795, in-fol. fig. v. m.

104. Traité théorique et pratique de l'art de bâtir, par M. J. Rondelet. *Paris*, 1812, 4 vol. divisé en 5, gr. in-4. dem. rel. n. r.

Les planches ont été réunies en un sixième vol. oblong.

105. Traité de l'architecture suivant Vitruve, etc. par P. Daret. *Paris*, 1648, in-fol. fig. vél.

106. OEuvres de G. M. Oppenord, contenant différens fragmens d'architecture, etc. *Paris*, S. D. (vers 1750,) très gr. in-fol. dem. rel.

6. *Architectes anglais.*

107. The Designs of Inigo Jones, consisting of plans and elevations for public and private buildings, published by Wm Kent, with some additional designs. *London*, 1728, 2 vol. en 1, in-fol. max. v. éc. fil. t. d.

108. Vitruvius Britannicus, or the british architect, containing the plans, elevations of the buildings both public and private in Great

Britain, by Cambel's Wolfe of Gandon. *London*, 1767-71, 5 vol. in-fol. max. fig. dem. rel.

Les trois premiers vol. sont réemmargés.

109. Le nouveau Vitruve britannique, qui comprend les plans et élévations de bâtiments modernes de la Grande-Bretagne, par les plus célèbres architectes. *London*, 1802, gr. in-fol. fig. dos de mar. r. n. r.

110. Specimens of gothic architecture. *London*, Taylor, 1820, 1re part. in-4. br. fig.

7. *Traités particuliers d'architecture, Stéréotomie et Traités de charpente, Jardins pittoresques.*

111. Temples anciens et modernes, ou Observations historiques et critiques sur les plus célèbres monumens d'architectures grecque et gothique, (par l'abbé Mai.) *Londres*, 1774, in-8, v. m.

112. Zabaglia. Castelli e ponti, con alcune ingegniose pratiche, con la descrizione del trasporto dell' obelisco Vaticana e di altri del Dom. Fontana, (ital. et lat.) *Roma*, 1743, gr. in-fol. fig. dos de mar. bl.

113. Traité de la coupe des pierres, par J. B. de la Ruë. *Paris*, 1720, in-fol. fig. dem. rel.

114. L'Art de charpenterie de Math. Jousse, corrigé et augmenté par de la Hire. *Paris*, 1751, in-fol. fig. dos de mar. r.

115. Plans, coupes et élévations de diverses productions de l'art de la charpente, exécutés tant en France que dans les pays étrangers, recueillis et publ. par J. Ch. Krafft. *Paris*, 1805, in-fol. max. fig. dem. rel.

116. Traité de l'art du charpentier, par J. H. Hassenfratz. *Paris*, 1804, in-4. br.

117. Plans, elevations, sections and perspective of the garden and buildings at Kew in Surry, by W. Chambers. *Londres*, 1763, gr. in-fol. fig. dos de mar. r.

118. Descriptions pittoresques de jardins du goût le plus moderne. *Leipzig*, 1802, in-4. fig. dos de mar.

119. Recueil d'idées nouvelles pour la décoration des jardins et des parcs, dans le goût auglais, gothique et chinois, etc. *Leipzig*, 1799, 46 livraisons, gr. in-4.

Manque la 37e livraison.

120. Plans des plus beaux jardins pittoresques de France, d'Angleterre et d'Allemagne, par Krafft. *Paris*, 1809, 2 vol. pet. in-fol. oblong, dos de mar.

121. A Dissertation on oriental gardning, by W. Chambers. *London*, 1772, in-4. fig. — Dissertation sur le jardinage de l'Orient, par de Chambers, trad. de l'angl. *Londres*, 1772, in-4. bas.

122. Plans raisonnés de toutes les espèces de jardins, par Gab. Thouin. *Paris*, Lebègue, 1820, in-fol. fig. dos de mar. v.

123. Description des nouveaux jardins de la France et de ses anciens châteaux, par Alex de Laborde, les dessins par Bourgeois. *Paris*, Delance, 1808, gr. in-fol. fig. dos de mar. roug.

8. *Architecture hydraulique, Ponts et chaussées.*

124. Dictionnaire d'architecture civile et hydraulique et des arts qui en dépendent, par A. C. d'Aviler. *Paris*, 1755, in-4. v. m.

125. Architectura d'acque, di Gio. Battista Barattieri. *Piacenza*, 1656, in-fol. fig. en bois, v. f.

126. Description des projets et de la construction des ponts de Neuilly, Mantes, Orléans et autres, des projets du canal de Bourgogne, par Perronet. *Paris*, imprim. royale, 1782-1783, 2 vol. in-fol. max. fig. dem. rel.

Taché, et deuxième vol. incomplet; il manque aussi le supplément.

127. Description du nouveau pont de pierre construit sur la rivière d'Alliers à Moulins, par de Régemortes. *Paris*, 1771, gr. in-fol. fig. — Recueil de différens projets d'architecture, de charpente, etc. concernant la construction des ponts, par Pitrou, rédigé par Tardif. *Paris*, 1756, gr. in-fol. fig. dem. rel.

128. Histoire du canal du midi, connu précédemment sous le nom du canal du Languedoc, par Andréossy. *Paris*, an VIII (1800), in-8. fig. dem. rel.

9. *Recueils contenant des monuments de divers pays.*

129. Collection des chefs-d'œuvre de l'architecture des différens peuples, exécutés en modèle sous la direction de L. F. Cassas, décrits par J. G. Legrand. *Paris*, 1806, in-8. pap. vél. — Relation de l'expédition d'Egypte, suivie de la description de plusieurs des monuments de cette contrée, et ornée de fig. par Ch. Norry. *Paris*, an VII, in-8. d. r. n. r.

Exemplaire auquel on a ajouté copie de lettres de M. Descotils de M. et Coutelle à M. Molinos, relatives à quelques monuments de l'Egypte.

130. Plans de plusieurs châteaux, palais et résidences de souverains de France, d'Italie, d'Espagne et de Russie, dessinés sur une même échelle pour être comparés, in-fol. fig. dos de mar. vert.

131. Recueil in-fol. dem. rel.

Contenant: Plan de St-Pétersbourg, palais, costumes de la Russie; monument à la gloire de Pierre-le-Grand, et autres pièces.

10. *Monumens de Grèce, de Dalmatie, d'Asie et d'Afrique.*

132. Les Ruines des plus beaux monumens de la Grèce, par Le Roy. *Paris*, 1770, 2 tomes en 1 vol. très gr. in-fol. fig. v. m.

133. The Antiquities of Athens, measured and delineated by James Stuart and Nicolas Revett. *London*, 1761-1816, 4 vol. gr. in-fol. fig. dos de mar. r.

134. Les Antiquités d'Athènes, mesurées et dessinées par Stuart et Revett, trad. de l'angl. par L. F. F. et publiées par Landon. *Paris*, 1804-12, 4 vol. in-fol. fig. dos de mar. r. n. r.

135. The unedited antiquities of Attica, comprising the architectural romains of Eleusis, Rhamnus, Sunium and Thoricus, by the society of dilettanti. *London*, 1817, très gr. in-fol. dos de mar. r. n. r.

136. Ionian antiquities, published with permission of the society of dilettanti by R. Chandler, N. Revett, and W. Pars. *London*, 1769, 2 vol. gr. in-fol. dos de mar. bleu.

133. Antiquities of Ionia, published by the society of dilettanti, part the first. *London*, 1821, très gr. in-fol. dos de mar. viol. n. r.

138. Ruins of the palace of the Diocletian at Spalatro in Dalmatia, by Rob. Adam. (*London*,) 1764, gr. in-fol. fig. v. r. f.

Ouvrage peu commun en France.

139. Les Ruines de Balbec, autrement dit Héliopolis, dans la Cæslosyrie, (par Rob. Wood et Dawkins.) *Londres*, 1757, in-fol. atl. fig. bas.

140. Les Ruines de Pæstum ou de Posidonie dans la grande Grèce, par Major, trad. de l'angl. *Londres*, 1768, gr. in-fol. fig. dem. rel.

141. Les Ruines de Pæstum ou Posidonia, levées et dessinées sur les lieux par M. Delagardette. *Paris*, an 7, in-fol. fig. b. m.

142. Description des pyramides de Ghize, de la ville du Kaire et de ses environs, par Grobert. *Paris*, an IX (1801), in-4. fig. br.

143. Monuments anciens et modernes de l'Hindoustan, décrits par Langlès. *Paris*, Firmin Didot, 1821, 2 vol. in-fol. fig. v. bl. riche dent. n. r. Lesné.

144. Antiquités de la Nubie, ou monumens inédits des bords du Nil, situés entre la première et la seconde catarate, dessinés et mesurés, en 1819, par F. C. Gau. *Paris*, Didot, S. D. 13 livr. gr. in-fol. fig.

Complet.

11. *Monumens anciens, Ruines et Monumens modernes de l'Italie.*

145. Recueil d'architecture, dessiné et mesuré en Italie par Scheult. *Paris*, Bance, 1821, gr. in-fol. dem. rel. n. r.

146. Palais, maisons et vues d'Italie, mesurés et

dessinés par P. Clochar. *Paris*, 1809, in-fol. fig. cart. non rog.

147. Architecture italienne, ou palais, maisons et autres édifices de l'Italie moderne, dessinés et publiés par Callet et Lesueur. *Paris*, 1827, livr. 1, 2, 3 et 6, in-fol.

148. Joannis Ciampini romani vetera monumenta Romæ. 1747, 3 vol. pet. in-fol. fig. v. m. fil.

149. Monumenti di fabbriche antiche, estratti dai disegni dei piu celebri autori da Gio Baptista Cipriani. *Roma*, 1796, 3 vol. in-4. fig. dos de mar. r. à nerfs, n. r.

150. Fragmenta vestigii veteris Romæ, cum notis Jo. P. Bellori. In-fol. fig. vél.

151. Roma vetus ac recens utriusque ædificiis, etc. auctore Alexandro Donato. *Romæ*, 1665, 1 vol. divisé en 2, in-4. fig. en bois, v. br.

152. Les édifices antiques de Rome, mésurés et dessinés très exactement par Desgodetz. *Paris*, Jombert, 1779, in-fol. fig. dos de mar. chocolat.

Exemplaire sur lequel MM. J.-G. Legrand et J. Molinos ont déposé toutes leurs observations lors de leur voyage en 1785. Chaque page contient de nombreuses remarques et les planches beaucoup de rectifications ; quelques monuments sont de nouveau dessinés en entier, et leur état actuel (1785) y est indiqué. On y a joint aussi plusieurs vues par Silvestre.

153. Un double exemplaire, dem. rel.

Sur celui-ci toutes les observations de l'exemplaire précédent sont mises au net à l'encre rouge.

154. Gli edifici antichi di Roma. 82. pl. in-4. dos de mar. n. r.

155. Urbis æternæ vestigia. (Vue des monuments, fragments et plans de Rome, par Piranesi.) In-fol. fig. dem. rel.

156. Varie vedute di Roma antica e moderna, disegnate e in tagliate da celebri autori. *Roma*. (Piranesi,) 1748, in-4. obl. br. en cart.

157. Nuova raccolta di 100 vetudine antiche della cita di Roma e sue vicinanze, da Domenico Pronti. *Roma*, 2 tom. en 1 vol. in-4. fig. dos de mar. vert.

158. La Ville de Rome, ou description de cette superbe ville, ornée de 425 planches. *Rome*, 1778, 4 tom. en 2 vol. in-fol. fig. dos de mar. r.

159. Nuova pianta di Roma, data in luce da Giamb, Nolli l'anno 1748, gr. in-fol. fig. dem. rel.

160. Gli antichi sepolchri, raccolti da Sante-Bartoli. Roma, 1768, in-fol. fig. dos de mar. bleu.

161. Ichnographia veteris Romæ, XX tabulis comprehensa, cum notis Jo. Petri Bellorii, accesserunt aliæ VI tabulæ ineditæ, cum notis. *Romæ*, 1764, in-fol. fig. dos de mar. v.

162. Admiranda romanorum antiquitatum ac veteris sculpturæ vestigia, a P. Sante-Bartolo del. et incisa, notis Jo.-P. Bellorii illustrata. *Romæ*, de Rubeis, in-fol. obl. v. m.

Titre raccommodé, 75 pièces au lieu de 81.

163. Sigismondi Augusti Mantuan, adjunctis profectio ac triomphus. In-fol. fig. (32) dos de mar. l.

164. J. P. Bellorii veteres arcus Augustorum triumphis insignes. *Romæ*, 1690, in-fol. fig. dos de mar. r.

165. Raph. Fabretti de columna Trajani syntagma, etc. *Romæ*, 1683, in-fol. fig. (150) obl. d. r.

Manque le titre.

166. Description de la belle et grande colonne his-

toriée, dressée à l'honneur de l'empereur Théodose, dessinée par Gentille Bellin, et expliquée par Menestrier, (en latin.) In-fol. obl. fig. (18), dos de mar. bleu.

167. De obelisco Cæsaris Augusti e campi Martii, ruderibus nuper eruto commentarius, auctore Angelo Maria Bandinio, accedunt CLL epistolæ atque opuscula. *Romæ*, 1750, in-fol. fig. b. m.

168. L'Arco trionfale eretto all imp. Nerva Trajano, dissegnata, da Car. Nolli. *Napoli*, 1770, in-fol. fig. (8), dos de mar. vert.

169. Del palazzo de' Cesari, opera postuma di F. Bianchini. *Verona*, 1738, in-fol. fig. v. f. dent.

170. L'Anfiteatro Flavio, descritto e delineato dal Carlo Fontana. *Nell' Haia*, 1725, in-fol. dos de mar. viol.

171. Descrizione dei circhi, particolarmente di quello di Caracalla, e dei guiochi in essi celebrati, opera postuma di Gio. Lod. Bianconi, ordinata e publicata dall' architetto Angioli Uggeri, con note da Carlo Fea e con versione francese. *Roma*, 1789, gr. in-fol. fig. dos. de mar. vert.

172. Description des bains des Romains, enrichie des plans de Palladio, et d'une dissertation sur l'état des arts durant les différentes périodes de l'empire romain, en angl. et en franç. *Londres*, 1772, gr. in-fol. dos de mar. r.

173. Palais, maisons et autres édifices modernes, dessinés à Rome, publiés à Paris (par Percier, Fontaine et Bernier.) *Paris*, an VI (1798), in-ol. fig. dos de mar. rouge.

174. Choix des plus célèbres maisons de plaisance de Rome et de ses environs, mesurées et dessinées

par Ch. Percier et P. F. L. Fontaine. *Paris*, Didot aîné, 1809, gr. in-fol. fig. dos de mar. vert.

175. Edifices de Rome moderne, dessinés et publiés par P. Letarouilly. *Paris*, 1825-29, 18 livr. gr. in-fol.

176. Palazzi di Roma de piu celebri architetti designati da Pietro Ferrerio. *Roma*, Gio. Jac. de Rossi, in-fol. fig. obl. v. br.

177. Palais Massimi à Rome, plans, coupes, élévations, profils, voûtes, plafonds, etc., dessinés et publiés par F. T. Suys et L. P. Haudebourt. *Paris*, 1818, gr. in-fol. dos de mar. bl.

178. Della trasportatione dell' obelisco Vaticano et delle fabriche di Papa Sisto V, dal caval. Dom. Fontana. *Roma*, 1590, in-fol. fig. v. br.

179. Détail des plus intéressantes parties d'architecture de la basilique de Saint-Pierre à Rome, par G. M. Dumont. *Paris*, 1763, in-fol. fig. dem. rel.

180. Memorie istoriche della gran cupola del tempio vaticano, (per Polerri.) *Padova*, 1748, gr. in-fol. fig. dos de mar.

181. Sacrarum Vaticanæ basilicæ criptarum monumenta æneis tabulis incisa et à Phil. Laur. Dionysio commentariis illustrata, curante Angelo de Gabriellis. *Romæ*, 1783, in-fol. fig. vél.

182. Ædes Barberinæ ad Quirinalem, a comite Hieronymo Tetio Perusino descriptæ. *Romæ*, 1742, in-fol. fig. dos de mar. bleu.

183. Les églises des stations de Rome, par Henriet. *Paris*, S. D. in-fol. oblong. fig. v. br.

184. Veduta generale in prospettiva del cortile nel

museo Pio Clementino, da Vinc. Feoli. (*Roma*,) in-fol. fig. (24) b. m.

On y a joint un plan et une vue.

185. Arco trionfale fuori della porta a S. Gallo inalzato, l'anno 1739, per l'ingresso del seren. Francesco III, per Jadot disegnato ed intagliato da Gaetano Vascelleni. 1772, in-fol. d.v.

Vol. deuxième, comprenant les statues, etc.

186. Plan, coupe et élévation du couvent de S.-Maria del Fiore, très gr. in-fol. fig. dos. de mar. vert.

187. Descrizione e studj dell' insigne fabbricca S. Maria del Fiore, da B. Sgrilli. *Firenze*, 1783, in-fol. fig. v. m.

188. Les portes du baptistaire de Saint-Jean à Florence, par Laurent Ghiberti, dissinées par Féodor le Calmouck. *Rome*, Henry Keller, 1798, gr. in-fol. max. fig. (12) dos de mar. r.

189. Dei Bagni di Montecatini, trattato di Alessandro Bichierai. *Firenze*, 1788, in-4. b. m. fil.

190. Raccolti dei disegni delle fabbriche regie de' bagni di Montecatini nella Valdinievole. *Firenze*, 1787, très gr. in-fol. dos de mar. r.

191. Regolamento del regio arcispedale di Santa-Maria nuova di Firenze. 1783, in-4. fig. d. r.

192. Recueil in-fol. dem. rel.

Contenant les églises de Milan, de Sienne (avec deux belles planches représentant le pavé mosaïque de cette dernière, de Brescia et de Padoue.)

193. Les plus beaux édifices de Gênes et de ses environs, publ. par P. Gauthier. *Paris*, 1818-1820, 21 livraisons in-fol.

Les 18 premières reliées en un vol. dos de v. rouge, n. r.

194. Forum Napoléon à Milan, très gr. in-fol. avec pl. à l'aquateinte, dos de mar. r.

195. Antichita di Milano, pubblicate da Carlo Amati. *Milano*, 1821. — Antichita di Milano esistenti presso S.-Lorenzo, publ. da Carlo Amati. *Milano,* 1821, 2 tomes en 1 vol. gr. in-fol. fig. dos de mar. r. n. r.

196. Memorie intorno alle pubbliche fabricche piu insigni della cita di Brescia, raccolte da Baldassare Zamboni. In-fol. fig. dos de mar. bleu.

197. Racolta di alcune facciate di palazzi e cortili de piu riguardevoli di Bologna. *Bologna*, in-fol. obl. fig. (30) dos de mar. r.

On y a ajouté un plan et une figure intitulée : *Sette torri famose d'Italia.*

198. Theatrum statuarum regiæ celsitudinis Sabaudiæ ducis, Pedemontii principis, Cypri regis. *Amsterdam*, Blaeu, 1682, 2 vol. très gr. in-fol. fig. vél. bl.

199. Forestiere illuminato interno le cose piu rare e curiose, antiche e moderne della cita di Venizia. *Venizia*, 1740, pet. in-8. fig. dem. rel.

200. Architecture antique de la Sicile, ou Recueil des plus intéressans monumens d'architecture, mesurés et dessinés par J. Hittorff et L. Zanth. *Paris*, 8 livr. gr. in-fol.

201. Architecture moderne de la Sicile, ou Recueil des plus beaux monumens religieux et des édifices particuliers, etc. mesurés et dessinés par J. Hittorff et L. Zanth. *Paris*, 1827, 18 livr. gr. in-fol.

202. Architecture toscane, ou Palais, maisons et autres édifices de la Toscane, mesurés et dessinés par A. Grandjean de Montigny et A. Fa-

min. *Paris*, Didot, 1815, in-fol. fig. dos de mar.

203. Dichiarazione dei disegni del reale palazzo di Caserta, (da Luigi Vantivelli.) *Napoli*, 1756, très gr. in-fol. fig. dos mar. vert.

12. *Monumens de la France, de la Hollande, de l'Allemagne et de l'Angleterre.*

204. Monuments de la France, exécutés en lithographies par Vauzelle. Delpech, 2 livr. in-fol.

205. Veues des plus beaux bâtimens de France. *Paris*, Mariette, S. D. in-fol. obl. v. br. (298 pièces.)

206. Monuments érigés en France à la gloire de Louis XV, par Patte. *Paris*, 1765, in-fol. fig. v. éc. fil. t. d.

207. Paris et ses monumens, (le Louvre, Saint-Cloud et Ecouen,) par Baltard, avec un texte expl. par Amaury Duval. *Paris*, an XII (1803), 2 vol. très gr. in-fol. pap. vél. fig. avant la lettre, cart. n. r. plus livr. 22, 23 et 24, (formant la partie de Fontainebleau,) pap. vél. fig.

Cet ouvrage est complet jusqu'à ce jour.

208. Le même, 24 livr. très gr. in-fol. fig.

209. Paris et ses monumens, par Baltard, avec des notes historiques et critiques par Amaury Duval. *Paris*, an XII (1803), (le Louvre seulement, gr. in-fol. — 4 planches d'après Poussin, faisant partie du musée Robillard. — Coll. de têtes d'études et groupes d'après le tableau original de Sébatien Del-Piombo, gravée par les meilleurs artistes, et autres fig. dans le même vol. dos de mar. vert.

210. Plans, coupes et élévations des plus belles maisons et des hôtels construits à Paris et dans les environs par Krafft et Ransonnette. *Paris*, 1801, 20 liv. in-fol. fig.

Manque les livraisons 1, 3, 5, 8, 11, 12, 13 et 14.

211. Description générale de l'Hôtel royal des Invalides. *Paris*, 1683, gr. in-fol. fig. v. m.

212. Plans des hôpitaux et hospices civils de la ville de Paris, levés par ordre du conseil d'administration. *Paris*, 1820, gr. in-4. fig. dos de mar. r. t. d.

Imprimé pour l'administration.

213. Arc de triomphe des Tuileries, érigé en 1806 d'après les dessins et sous la direction de MM. Percier et Fontaine, dessiné, gravé et publié par Normand, avec le texte explicatif par Brès. *Paris*, S. D. gr. in-fol. oblong, dos de mar. bl.

214. Recueil des différens plans et dessins de la nouvelle halle aux grains, par Mezières. *Paris*, 1769, gr. in-fol. dos de mar r.

215. Tombeau de François Ier, dessiné et gravé par Imbard. *Paris*, Didot, 1817, in-fol. fig. dos de mar. bl.

216. Monumens funéraires, choisis dans les cimetières de Paris et les principales villes de France, par Normand fils. *Paris*, Bance, 8 liv. in-fol.

217. Recueil d'architecture civile, contenant les plans, coupes et élévations des châteaux, maisons de campagne, etc., situés aux environs de Paris, par Krafft. *Paris*, 1806, gr. in-fol. fig. dos de mar. vert.

218. Le magnifique chasteau de Richelieu, en gé-

néral et en particulier, gravé et réduit par J. Marot. *Paris*, S. D. in-fol. oblong, fig. v. br.

219. Antiquités de la France, Monumens de Nîmes, par Clerisseau, première partie. *Paris*, 1778, fol. fig. cart. n. r.

220. Salle de spectacle de Bordeaux, par Louis. *Paris*, 1782, très gr. in-fol. fig. v. m.

221. Recueil des fondations et établissemens faits par le roi de Pologne. *Lunéville*, 1762, in-fol. fig. dem. rel.

222. Cathédrales françaises dessinées d'après nature et lithographiées par Chapuy, avec un texte hist. et descriptif. *Paris*, Leblanc et Engelmann. 1823-30, livraisons 1 à 22, in-fol. pap. de Chine.

223. Les Tombeaux des personnes illustres, avec leurs éloges, généalogies, armes et devises, par Le Laboureur. *Paris*, 1642, in-fol. fig. v. br.

224. Description de l'hôtel-de-ville d'Amsterdam. *Amst.* P. Mortier, S. D. pet. in-8. fig. d. r.

225. Architecture et sculptures de la maison-de-ville d'Amsterdam, par Jacob Campen, (en hollandais.) *Amsterdam*, Fréd. de Widt, S. D. in-fol. fig. dos de mar. bleu.

225. *bis*. Vues, plans, coupes et détails de la cathédrale de Cologne, avec des restaurations d'après le plan original, accompagnés de recherches sur l'architecture des anciennes cathédrales et des tableaux comparatifs des principaux monumens, par Sulpice Boisserée. *Stuttgard*, 1823, in-fol. atl. max. fig. col. liv. 1 et 2, dans un portefeuille garni de toile.

226. Observations on the design for the theatre royal Drury Lane, by Benjamin Wyatt. *London*, 1813, in-4. pap. vél. fig. dos de mar. bleu, n. r.

13. *Restauration d'édifices, prix académiques et projets d'architecture, monumens idéaux.*

227. Restitution du tombeau de Porsenna, dissertation de M. Quatremère de Quincy. *Paris*, Rignoux, 1826, in-fol. pap. vél. fig. cart. n. r.

228. Restitution de la Minerve en or et ivoire de Phidias, au Parthenon, par M. Quatremère de Quincy. *Paris*, Rignoux, 1826, in-fol. pap. vél. fig. color. cart. n. r.

229. Restitution des deux frontons du temple de Minerve, à Athènes, dissertation par M. Quatremère de Quincy. *Paris*, Rignoux, 1825, in-fol. pap. vél. fig. cart. n. r.

230. Restitution du char funéraire qui transporta de Babylone en Egypte le corps d'Alexandre, d'après la descript. de Diodore de Sicile, par M. Quatremère de Quincy. *Paris*, Rignoux, 1827, in-fol. pap. vél. fig. color. cart. n. r.

231. Recueil de plans et autres pièces concernant l'architecture. In-fol. max. dem. rel.

232. Grands prix d'architecture, et autres productions de cet art, par Leprieur, Destournelles. Vaudoyer. *Paris*, de 1791 à 1830, formant 4 vol. in-fol. en feuilles. (*Sans garantie.*)

233. Recueil d'architecture nouvelle, par Destournelles, 1re partie. *Paris*, an XIII, in-fol. fig. (102), pap. de Holl. dos de mar. v. n. r.

234. Projet du palais de justice de la ville de Lyon, par Baltard. *Paris*, 1830, in-4. fig. br.

235. Rapport sur les sépultures, par Cambry. *Paris*, an VII, in-4. pap. vél. fig. mar. r. t. d.

236. Petit magasin, ou recueil d'idées d'une exé-

cution peu dispendieuse, contenant des plans de petites maisons de campagne, petits pavillons de jardins, etc., par Grohmann. *Leipsic*, S. D. 7 livraisons gr. in-4.

237. Discours du songe de Poliphile. *Paris*, Kerver, 1561, in-fol. fig. en bois, v. f. dent. t. d.

238. Le même. *Paris*, Kerver, 1546, in-fol. fig. en bois, b. m.

239. Songe de Poliphile, trad. de l'ital. par J. G. Legrand. *Paris*, 1804, 2 vol. in-12, pap. vél. d. r.

14. *Décorations et ornements.*

240. Ornamenti diversi, inventati, disegnati ed eseguiti da G. Albertolli, incisi da G. Luganese. (*Milana*, 1782,) gr. in-fol. fig. dos de mar. viol.

241. Dessins des édifices, meubles, habits, machines et ustensiles des Chinois, gravés par Chambers. *Londres*, 1757, gr. in-fol. dos de mar. bleu.

242. Nouveau recueil de divers genres d'ornements et autres objets propres à la décoration, par C. Normand. *Paris*, 1803, in-fol. fig. dos de mar. r.

243. Recueil de décorations intérieures, composant tout ce qui a rapport à l'ameublement, par C. Percier et P. L. F. Fontaine. *Paris*, 1812, in-fol. fig. dos de mar. r.

244. Recueil de dessins d'ornements, d'architecture lithographiés, publiés par MM. Benoiste, Tirrart et Sempé. *Paris*, Engelmann, 1812-29, 16 livr. in-4.

Manque la 2e liv.

BELLES LETTRES.

245. Dictionnaire italien, latin et français, par Antonini. *Amst.* 1760, 2 vol. in-4. d. r.

246. Nouveau dictionnaire français, composé sur le dictionnaire de l'académie. *Lyon*, 1793, 2 vol. in-4. bas.

247. Dictionnaire des dictionnaires, par Darbois. *Paris*, 1830, gr. in-8. br.

248. L'Iliade et l'Odyssée d'Homère, trad. par Bitaubé. *Paris*, 1788, 12 vol. in-18, fig. v. porph. fil. t. d.

249. Antiquissimi codicis Virgiliani fragmenta et picturæ ex bibliotheca Vaticana ad priscas imaginum formas, a Petro Sancte Bartholi incisæ. *Romæ*, 1741, in-fol. fig. dos de mar. r.

250. La Pharsale de Lucain, trad. en français par Marmontel. *Paris*, 1766, 2 vol. in-8. fig. v. éc. fil.

251. La Henriade, poème de Voltaire, ornée de dessins lithographiques. *Paris*, Dubois, 1825, in-fol. pap. vél. fig. dos de mar. raisin de Corinthe. n. r. Hering.

252. Les saisons, poème, (par Saint-Lambert.) *Amst.* 1775, gr. in-8. fig. v. éc. fil. t. d.

253. Collection d'héroïdes et pièces fugitives de Dorat, Colardeau, etc., etc. *Francfort*, 1771, 10 vol. pet. in-12, v. m.

254. La Guerre des dieux, poëme, par Parny. *Paris*, 1804, in-12, d. r.

255. L'Imagination, poème, par Delille. *Paris*, 1806, 2 vol. in-18, fig. dos de mar.

256. Le plus joli des recueils, ou chefs-d'œuvre

de poésie. 1807, in-4. mar. r. tabis, t. d. Bozerian jeune.

Manuscrit de 598 pages de la main de M. Lafitte père, orné du portrait de M. Lafitte père et de 96 autres dessins à la plume de M. Lafitte fils.

257. Jérusalem délivrée, nouv. trad. (par Panckoucke.) *Paris*, 1785, 5 vol. pet. in-12, dem. rel.

257 *bis*. Roland furieux, poëme héroïque de l'Arioste, nouv. trad. par Panckoucke. *Paris*, 1787, 10 vol. pet. in-12, dem. rel.

258. Le Don Quichotte romantique, ou voyage du docteur Syntaxe à la recherche du pittoresque et du romantique, poëme trad. de l'angl. par M. Gandais. *Paris*, 1821, gr. in-8. fig. col. dem. rel. n. r.

259. Les Fastes de la comédie française, par Riccord. *Paris*, 1821, 2 vol. in-8. d. rel.

260. Répertoire du théâtre français, avec des notes par Petitot. *Paris*, 1803, 23 vol. in-8. fig. bas. fil.

261. Théâtre de P. Corneille, avec commentaires. *Genève*, 1774, 8 vol. in-4. fig. dos de mar.

262. Œuvres de Molière, avec des remarques par Bret. *Paris*, 1804, 6 vol. in-8. fig. cart. n. r.

263. Œuvres de J. Racine, avec variantes et des notes publiées par Petitot. *Paris*, 1807, 5 vol. in-8. (fig. de Moreau ajoutées,) dos de mar.

264. Œuvres complètes de Regnard, avec des notes par Garnier. *Paris*, 1810, 6 vol. in-8. pap. vél. fig. v. gr. fil. t. d.

265. Œuvres de Crébillon, édit. ornée de fig. des-

sinées par Peyron. *Paris*, 1797, 2 vol. in-8. pap. vél. dos de mar.

266. Charles IX, ou l'Ecole des rois, tragédie par M. J. Chenier. *Paris*, 1790, in-8. pap. vél. fig. avant la lettre, mar. vert, t. d.

267. La mort d'Henri III, août 1589, scènes historiques, par M. L. Vitet. *Paris*, 1829, in-8. d. r.

268. La mort de Louis XVI, scènes historiques. *Paris*, 1828, in-8. dem. rel.

269. Les septembriseurs, scènes historiques. *Paris*, 1829, in-8. dem. rel.

270. Les Fables égyptiennes et grecques dévoilées et réduites au même principe, par Pernety. *Paris*, 1786, 2 vol. pet. in-8. bas.

271. Mythologie, ou explication des fables, œuvre d'éminente doctrine et d'agréable lecture, trad. par de Montlyard, revue par Baudouin. *Paris*, 1627, in-fol. v. br.

272. Bibliothèque universelle des romans, juillet 1775 à juin 1785, 145 vol. dem. rel. et br.

Manque mars et octobre 1776; janvier 1777; janvier, novembre et décembre 1778; avril et mai 1780; septembre 1781; juin, juillet 1782; août 1783; janvier et avril 1785.

273. Les Mille et une nuits, contes arabes, trad. en français par Galland, nouv. édit. donnée par MM. Nodier et Destains. *Paris*, 1822, 6 vol. in-8. fig. dem. rel. n. r.

274. Les Aventures de Télémaque, par de Fénélon. *Paris*, Didot, 1784, 2 vol. in-8. pap. vél. mar. cit. t. d.

On a ajouté à cet exemplaire un portrait de Fénélon gravé par Jehotte.

275. Les Aventures de Télémaque, par de Féné-

lon. *Paris*, 1795, 2 vol. in-4. dos de mar. n. r.

276. Le Roman comique, par Scarron. *Paris*, an IV (1796), 3 vol. in-8. fig. de Lebarbier, dem. rel.

277. Le Décameron de J. Boccace, (trad. en français par Masson.) *Londres*, 1757, 5 vol. in-8. fig. v. rac. fil.

Exemplaire avec les figures dites doubles.

278. Les OEuvres de Plutarque, translatées du grec en français par J. Amyot. *Paris*, 1579, 8 vol. pet. in-8. dem. rel.

279. OEuvres de Rabelais, édit. Variorum, aug. de pièces inéd., de songes drolatiques de Pantagruel, et d'un comment. histor. par Esmangart et Eloi Johanneau. *Paris*, 1823, 9 vol. in-8. fig. dem. rel. non rog.

280. OEuvres meslées de Saint-Evremond. *Londres*, Tonson, 1709, 3 vol. in-4. gr. pap. fig. mar. r. t. d.

281. OEuvres complètes de La Fontaine. *Paris*, 1826, 6 vol. in-8. portr. br.

282. OEuvres complètes d'Hamilton. *Paris*, 1805, 3 vol. in-8. fig. bas. fil.

283. OEuvres complètes de Saint-Foix. *Paris*, 1778, 6 vol. in-8. portr. v. éc. fil.

284. OEuvres complètes de Voltaire. *Kehl*, 1785, 70 vol. in 8. bas. rac. fil.

285. OEuvres complètes de J.-J. Rousseau. *Kehl*, 1783, 30 vol. in-12, bas.

Les tomes 2, 7 et 19 manquent.

286. OEuvres complètes de Chamfort. *Paris*, 1808, 3 vol. in-8. bas. fil.

HISTOIRE.

GEOGRAPHIE, VOYAGES.

288. Description exacte de l'univers, ou l'ancienne géographie sacrée et profane, précédée d'une introduction à la géographie ancienne, par Hornius. *La Haye*, 1741, gr. in-fol. cartes, dem. rel.

289. Dictionnaire géographique universel de Vosgien, revu par Parisot. *Paris*, 1828, in-8. cartes, dem. rel.

290. Géographie moderne, avec une introduction, etc. par l'abbé Clouet. *Paris*, 1791, in-fol. d. r.

291. Atlas général de la France. *Paris*, Jaillot, 1700, (49 cartes,) gr. in-fol. dos de mar. r.

292. Carte générale du Théâtre de la guerre en Italie et dans les Alpes, depuis le passage du Var jusqu'à l'entrée des Français à Rome; et la carte générale de Naples et de Sicile, formant la 2e partie du Théâtre de la guerre par Bacler d'Albe. *Milan*, an VI-XI (1802), gr. in-fol. (54 feuilles,) dos de mar. bl.

293. La Hongrie et le Danube, par le comte de Marsigli, (31 cartes.) *La Haye*, 1740, gr. in-fol. dos de mar. r.

294. Recueil de mémoires et de voyages publiés par la société de géographie. *Paris*, 1826-29, 3 vol. in-4. br.

295. Journal des voyages, découvertes et navigations modernes, publié par M. Verneur. *Paris*, 1818 à 1829, 44 vol. in-8. dont 34 d. r. et le reste en numéros.

296. Voyage dans le Finistère, ou état de ce département en 1794 et 1795 (par Cambry.) *Paris*, an VII (1799), 3 vol. in-8. pap. vél. fig. d. rel.

297. Voyage pittoresque dans le bocage de la Vendée, ou vues de Clisson, dessinées par Thienon et gravées à l'aquateinte par Piringer. *Paris*, P. Didot, 1817, 2 vol. in-4. dont 1 de pl. dos de mar. r. n. r.

298. Vues des côtes de France dans l'Océan et dans la Méditerranée, peintes et gravées par M. Louis Garneray, décrites par M. E. Jouy. *Paris*, Panckouke, 1823-27, 13 livr. in-fol.

299. Figures et cartes du voyage à Naples et en Sicile, par l'abbé de Saint-Non, in-fol. dos de mar. bleu.

300. Voyage en Angleterre, en Ecosse et aux îles Hébrides, par Faujas-Saint-Fond. *Paris*, 1797, 2 vol. in-8. fig. bas.

301. Voyage philosophique, politique et littéraire en Russie, trad. du holland. par Chantreau. *Paris*, 1794, 2 vol in-8. fig. d. rel.

302. Voyage de la Troade, par Lechevalier. *Paris*, 1802, 3 vol. in-8. et atlas in-4. d. r.

303. A classical and topographical tour through Greece, during the years 1801, 1805 and 1806, by Edward Dodwell. *London*, 1819, 2 vol. in-4. pap. vél. fig. dos de mar. citr. non rog.

304. Voyage pittoresque de la Grèce, (par de Choiseul-Gouffier,) tom. 1er. *Paris*, 1782, gr. in-fol. fig. dos de mar. r.

1er tirage.

305. Les îles de l'Archipel, trad. du flamand d'O. Dapper. *Amst.* 1703, in-fol. fig. dos de mar. bleu.

306. Letres sur l'Egypte, par Savary. *Paris*, 1785, 3 vol. in-8. d. rel. — Lettres sur l'Italie, 1785, (par Dupaty.) *Rome*, (*Paris*,) 1788, 2 vol. in-8. d. rel.

307. Voyage en Syrie et en Egypte, par Volney. *Paris*, 1787, 2 vol. in-8. d. rel. — Les Ruines, par le même. *Paris*, 1792, in-8. d. r.

308. Voyage pittoresque et historique de l'Istrie et de la Dalmatie, par Cassas. *Paris*, an x (1802), in-fol. fig. v. m.

309. Voyage pittoresque de la Syrie, de la Phœnicie, de la Palestine et de la Basse-Egypte, gravé sur les dessins et sous la direction de Cassas. 30 livr. gr. in-fol.

Cet exemplaire est avant la lettre, et les 30 livraisons sont renfermées dans deux étuis volumes.

310. Voyage dans la Haute et Basse-Egypte, pendant les campagnes du général Bonaparte, par Vivant Denon. *Paris*, Didot, an x (1802), 1 vol. in-4. de texte et 1 vol. très gr. in-fol. de planches, dos de mar. vert.

311. Description de l'Egypte, recueil des observations et des recherches qui ont été faites en Egypte pendant l'expédition de l'armée française. *Paris*, Pauckouke, 1825-29, 211 livraisons et 25 vol. de texte in-8. br.

Exemplaire complet.

312. An account of an ambassy to the kingdom of Ava, by M. Symes. *London*, 1802, gr. in-4. fig. dos de mar. n. r.

313. Voyages and travels to India, Ceylan, the red sea, Abyssinia and Egypt, in the years 1802, 1803, 1804, 1805 and 1806, by George Viscount

Valentia. *London*, 1809, 3 vol. gr. in-4. pap. vél. fig. dos de mar. lilas, n. r.

314. Travels in India during the years 1781, 1782, 1783, by Willams Hodges. *London*, 1793, gr. in-4. pap. vél. fig. et cartes, mar. bleu, dent. t. d.

HISTOIRE ANCIENNE ET MODERNE.

315. L'Esprit de l'histoire, par Ant. Ferrand. *Paris*, 1804, 4 vol. in-8. bas. fil.

316. L'Antiquité des temps rétablie et défendue contre les Juifs et les nouveaux chronologistes, (par Paul Pezron.) *Paris*, 1687, in-4. v. m.

317. Histoire universelle, depuis le commencement du monde jusqu'à présent, trad. de l'angl. *Amst.* 1770, 45 vol. in-4. d. r.

318. Discours sur l'histoire universelle, par Bossuet. *Paris*, Didot, 1786, 2 vol. in-8. v. m.

319. Pausaniæ de tota Græcia libri decem, Abrahamo Loeschero interprete, latinè. *Basileæ*, 1550, in-fol. vél.

320. Voyage du jeune Anacharsis en Grèce, par J.-J. Barthélemy. *Paris*, au VII (1799), 7 vol. in-8. et atlas in-4. v. rac. fil.

321. Histoire des Egyptiens sous les Pharaons, (par Delille de Salles.) *Paris*, 1781, 4 vol. in-8. dem. rel.

322. De l'origine des loix, des arts et des sciences, et de leurs progrès chez les peuples anciens, (par Goguet.) *Paris*, 1758, 3 vol. in-4. v. mar.

323. Essai sur l'art de rendre les révolutions utiles, (par l'abbé Bonnet.) *Paris*, 1801, 2 vol. in-8. dem. rel.

HISTOIRE DE FRANCE.

324. Histoire de la vie privée des Français, par Legrand d'Aussy. *Paris*, 1815, 3 vol. in-8. d. rel.

325. Mémoires du duc de Saint-Simon, nouv. édit. donnée par Laurent. *Paris*, 1818, 6 vol. in-8. dem. rel.

326. Fêtes publiques données par la ville de Paris ris à l'occasion du mariage du Dauphin les 23 et 26 février 1745, gr. in-fol. dem. rel.

327. Esquisses historiques des principaux événements de la révolution française, par J. A. Dulaure, (1re édit.) *Paris*, 1823, 5 vol. in-8. fig. d. r. n. r.

328. Tableaux historiques de la révolution française, ouvrage orné de 222 gravures, avec des discours (par l'abbé Fauchet, Chanfort, Ginguené et Pagès.) *Paris*, Auber, 1791-1804, 3 vol. in-fol. pap. vél. dos de mar. viol. non rog.

329. Tableaux historiques des campagnes d'Italie depuis l'an IV jusqu'à la bataille de Marengo; suivis du précis des opérations de l'armée d'Orient, de la campagne d'Allemagne en 1805, etc. *Paris*, Didot, 1806, in-fol. pap. vél. fig. d'après les dessins de C. Vernet, dos de mar. r.

330. Victoires et conquêtes des Français de 1792 à 1815. *Paris*, 1817 à 1821, 27 vol. les cartes et plans rel. en 1 vol. portraits 2 vol. en tout 30 vol. d. rel.

331. Monuments des victoires et conquêtes des Français. *Paris*, Pankouke, 1822, in-8. obl. fi8. dos de mar. vert.

332. Journal des opérations militaires du siége et

du blocus de Gènes, par P. Thiébault. *Paris*, 1801, in-4. fig. d. r. n. r.

333. Fêtes à l'occasion du mariage de Napoléon avec Marie-Louise, recueil de gravures au trait avec une description par Gaulet. *Paris*, 1810, in-8, d. r.

334. Fastes. *Paris*, Didot, 1804, gr. in-4. pap. vél. dos de mar. n. r.

335. Histoire de la guerre de la Péninsule sous Napoléon, par le général Foy. *Paris*, 1827, 4 vol in-8. et atlas, dos de v. n. r.

336. Histoire de Napoléon et de la grande-armée pendant l'année 1812, par M. le général comte de Ségur. *Paris*, 1825, 2 vol. in-8. d. rel.

337. Les glorieuses conquestes de Louis-le-Grand, ou plans, profils et lieux considérables de Flandres, de l'Artois, du Haynau, etc. *Paris*, Baurin, in-fol. fig. demi rel.

338. Topographie française, ou représentations de plusieurs villes, bourgs, plans, châteaux, maisons de plaisance, ruines, vestiges d'antiquités du royaume de France, dessignez par Chastillon. *Paris*, Jean Boisseau, 1648, in-fol. fig. d. de mar. bleu.

339. Description de la ville et des fauxbourgs de Paris, en vingt planches, par J. de la Caille. *Paris*, 1714, in-fol. fig. d. r.

340. Atlas du plan général de la ville de Paris, levé géométriquement par Verniquet. *Paris*, S. D. gr. in-fol. d. rel.

341. Plan général de la nouvelle enceinte de Paris, divisé en 18 cartes, tr. gr. in-fol. dos de mar. r.

Manuscrit.

342 Dictionnaire historique de la ville de Paris et

de ses environs, par Hurtaut. *Paris*, 1779, 4 vol. in-8. v. m.

343. Les Antiquitez de la ville de Paris, (par du Breuil et Malingre.) *Paris*, 1640, in-fol. d. r.

344. Les Annales générales de la ville de Paris. *Paris*, 1640, in-fol. mar.

345. Histoire de la ville de Paris, composée par Félibien et augmentée par Lobineau. *Paris*, 1725, 5 vol. in-fol. gr. pap. v. m.

346. Histoire et recherches des antiquités de la ville de Paris, par H. Sauval. *Paris*, 1733, 3 vol. in-fol. fig. v. m.

347. Recherches critiques, historiques et topographiques sur la ville de Paris, par Jaillot. *Paris*, 1782, 5 vol. in-8. fig. v. m. f.

348. Tableau historique et pittoresque de Paris, depuis les Gaulois jusqu'à nos jours, par M. *** (Saint-Victor) *Paris*, Nicole, 1808, 3 vol. gr. in-4. fig. dos de mar. vert.

349. Histoire physique, civile et morale de Paris, par J. A. Dulaure. *Paris*, 1823, 10 vol. in-8. et atlas in-4. d. r. n. r.

350. Recherches statistiques sur la ville de Paris et le départ. de la Seine. *Paris*, 1821, in-8. cart. n. r.

351. Description des catacombes de Paris, par M. Héricart de Thury. *Paris*, 1815, in-8. fig. d. rel.

352. Carte des environs de Paris, par Brué. *Paris*, 1826, feuille collée sur toile avec étui.

353. Histoire physique, civile et morale des environs de Paris, par Dulaure. *Paris*, 1829, 7 vol. in-8. fig. br.

354. Discours historial de l'antique cité de Nismes, par Jean Poldo d'Albenas. *Lyon*, Guillaume

Rouille, 1560, in-fol. fig. en bois, bas. dos de mar. viol.

Histoire du Brabant, de l'Italie, du nord de l'Europe, de l'Asie, de l'Afrique et de l'Amérique.

355. Délices du Brabant et de ses campagnes, par de Cantillon. *Amst.* 1756, 4 vol. in-8. fig. v. m.

356. Martini Zeilleri Itinerarium Italiæ novantiquæ. *Francof.* 1640, in-fol. fig. mar. r. t. d.

357. L'Italie illustrée et représentée en 135 fig. avec des explications en italien, en français et en latin. *Leyde*, 1757, in-fol. fig. v. f. fil. t. d.

Très bel exemplaire.

358. Delle antichita di Rimino libri due. *Venezia*, 1741, in-fol. fig. d. r.

359. Torelli Saraynæ veronensis, de origine et amplitudine civitatis Veronæ. *Veronæ*, 1540, in-fol. fig. en bois, vél.

360. Ragguaglio delle nozze delle maesta Filippo quinto e di Elisabetta Farnese. *Parma*, 1717, pet. in-fol. fig. b. gr.

361. Histoire d'Olivier Cromwel. *Paris*, 1691, in-4. portr. v. m.

362. The provincial anquities and picturesque scenery of Scotland, with descriptive illustrations, by Walter Scott. *London*, Rodwel and Martin, 10 n^os in-4. fig.

Magnifique ouvrage pour l'exécution.

363. Histoire de la Laponie, sa description, l'origine, les mœurs, etc. trad. du latin de Scheffer. *Paris*, 1678, in-4. fig. v. b.

364. Histoire philosophique et politique des éta-

blissements et du commerce des Européens dans les deux Indes, (par l'abbé Raynal.) *Amst.* 1770, 7 tomes en 4 vol. in-8. d. rel.

365. Histoire générale de l'Asie, de l'Afrique et de l'Amérique, (par l'abbé Roubaud.) *Paris*, 1770, 5 vol. in-4. d. r.

ANTIQUITÉS.

366. Des cultes qui ont précédé et amené l'idolâtrie, ou l'adoration des figures humaines, par Dulaure. *Paris*, 1805, in-8. d. r.

367. Veneres et Priapi, uti observantur in gemmis antiquis. *Lugd. Batav.* S. D. 2 vol. pet. in-4. fig. col. v. éc. fil. t. d.

368. Discours sur la religion des anciens Romains, de la castramétation et discipline militaire, etc. par G. du Choul. *Lyon*, 1781, 2 tomes en 1 vol. in-4. v. br. fil.

369. Choix de costumes civils et militaires des peuples de l'antiquité, dessiné, gravé et rédigé par Villemin. *Paris*, an VI (1798), 2 vol. in-fol. fig. dos de mar. r.

370. Le antiche lucerne sepolcrali figurate, da Pietro Sancte-Bartoli. *Roma*, 1729, in-fol. fig. dos de mar. viol.

371. Lucernæ fictiles musæi Passerii illustratæ. *Pisauri*, 1739, 3 vol. in-fol. fig. dos de mar. vert à nerf.

372. Recueil des monnoies tant anciennes que modernes, ou dictionnaire historique des monnoies, par de Salzade. *Bruxelles*, 1767, in-4. v. m.

373. Numismata imperatorum romanorum præstantiora, a Julio Cæsare ad Posthumum usque,

per Joh. Vaillant. *Romæ*, 1743, 3 vol. in-4. fig. b. br.

374. Antonii Augustini antiquitatum romanarum hispanarumque in nummis veterum dialogi XI. *Antuerpiæ*, 1617, in-fol. fig. vél.

375. Dichiarazioni della pianta dell' antiche Siracuse e d'alcune scelte medaglie desse, descritte da don Vinc. Mirabella. *Napoli*, Lazzaro Scorriggio, 2 parties en 1 vol. pet. in-fol. fig. mar. r. t. d.

376. Joh. Rosini romanarum antiquitatum corpus absolutissimum; cum notis doctissimis Th. Dempsteri et æneis figuris accuratissimis. *Traj. ad Rhenum*, 1701, in-4. fig. vél.

376 *bis*. Idem, 1733, in-4. vél.

377. Justi Lipsi admiranda, sive de magnitudine romana libri quatuor. *Antuerpiæ*, 1605, in-4. b. m.

378. Le grand cabinet romain, ou recueil d'antiquitez romaines, avec les explications de Mich. Ange de la Chausse. *Amsterd.* 1706, in-fol fig. mar. r. t. d.
Mouillé.

379. Monumenti antichi inediti sulle antichita e belle arti di Roma. 1789, in-4. fig. dem. rel. — De palazzi reali nella cita di Pavia, del dottor Pietro Pessani. *Pavia*, in-4. fig. dem. rel. — De præclaris Mediolani ædificiis dissertatio Petr. Bononiensis. *Mediolani*, 1735, in-4. fig.

380. Roma antica, di Famiano Nardini. *In Roma*, 1665, in-4. fig. vél.

381. Guattani, monumenti antichi inediti, ovvero notizie sulle antichita e belle arti di Roma. *Roma*, 1784-1789, 6 tomes en 3 vol. in-4. fig. v. gr. fil.

382. La Galerie des femmes fortes, par le P. Pier-

re Le Moyne. *Paris*, 1647, in-fol. fig. dos de mar. r.

583. Fragmenta vestigii veteris Romæ ex lapidibus Farnesianis, nunc primum in lucem edita cum notis Jo. P. Bellorii. In-fol. fig. b. br.

384. Suite de frises antiques tirées du palais Spada à Rome, représentant des combats de centaures, dessinées et gravées par Masson et Legrand. *Paris*, 1779, in-fol. oblong, dos de mar.

385. Bassorilievi antichi della Grecia o sia fregio del tempio di Apollo epicurio in Arcadia, disegnato dagli originali da Gio. Maria Wagner ed inciso da Fernando Ruschweyh. *Roma*, 1814, in-fol. obl. fig. (25) au trait. — Le Feste di Eleusi, poema di F. Schiller, disegnato da Gio. Martin Wagner, inciso da F. Ruscheweyh. *Roma*, 1817, in-fol. obl. fig. (20) au trait, dos de mar. bl.

386. Picturæ antiquæ cryptarum romanarum et sepulcri Nasonum, delin. a P. Sainte-Bartolo, descriptæ a J. B. Bellorio et Mic.-Ange Causseo. *Romæ*, 1750, gr. in-fol. fig. dos de mar. bl.

Cet exemplaire contient des notes de feu M. Molinos.

387. Description d'une mosaïque représentant des jeux de cirque, découverte à Lyon en 1806, par Artaud. *Lyon*, 1806, très gr. in-fol dos de mar. bl.

388. Description d'un pavé en mosaïque découvert dans l'anc. ville d'Italica, aujourd'hui le villlage de Santiponce, près de Séville. *Paris*, impr. de P. Didot l'aîné, an x (1802) très gr. in-fol. fig. (22) dos de mar. r.

Tiré à 160 exempl. seulement.

389. Choix de pierres gravées antiques, égyptien-

nes et personnes, etc. par L. J. J. Dubois. *Paris*, 1817, in-4. dem. rel.

390. Description des principales pierres gravées du cabinet d'Orléans. *Paris*, Lachau, 1780, 2 vol. in-fol. fig. dos de mar. r.

391. Monumenti antichi inediti, spiegati ed illustrati da Giov. Winkelmann. *Roma*, 1767, 2 vol. in-fol. fig. (208) v. éc. fil. t. d.

Ouvrage recherché et rare en France.

392. Musei Guarnacii antiqua monumenta, observat. illustrata ab A. F. Gorio. *Florentiæ*, 1744, in-fol. fig. v. m.

393. Museum florentinum, exhibens insigniora vetustatis monumenta quæ Florentiæ sunt in thesauro Mediceo, cum observat. Ant. Fr. Gorii. *Florentiæ*, 1731-66, 12 vol. in-fol. max. fig. mar. r. t. d.

Très bel exemplaire. Cette collection se compose des pierres gravées, 2 vol. — Statues, 1 vol. — Médailles, 3 vol. — Portraits des peintres, 4 vol. — Suppl. aux portraits des peintres, par Ant. Pazzi, 2 vol.

394. Antiquités étrusques, grecques et romaines, tirées du cabinet de M. Hamilton, (par d'Hancarville.) *Naples*, 1766-1767, 4 tomes en 8 vol. in-fol. fig. col. dos de mar. rouge.

395. Antiquités d'Herculanum, gravées par Th. Piroli, et publiées par Piranesi. *Paris*, an XII, 6 vol. gr. in 4. fig. dos de mar. r.

396. Collection d'ouvrages sur les antiquités et l'architecture, gravés par Piranesi. 23 vol. gr. in-fol. dos de mar. bleu.

Contenant : Le antichita romane, 4 vol. — Supplément aux antiquités romaines, 1 vol. — Monumenti degli Scipioni, 1 vol. — De Romanorum magnificentia et architectura, 1 vol. — Différens ouvrage d'architecture, etc., et autres pièces, 1 vol. — Le Rovine del castello dell' aqua Giulia ; Lapides Capitolini ; Antichita di Cora, 1 vol. — Campus Martius antiquæ urbis, 1 vol. — Antichita d'Albano e di castel Gandolfo, 1 vol. — Vasi, candelabri, etc., 2 vol. — Colonna Trajana; Colonne coclide de Marc-Aurèle; Colonne de l'apothéose d'Antouin-le-Pieux, 1 vol. — Ruines extérieures et intérieures des trois temples grecs à Pestum, 1 vol. — Vedute di Roma, 2 vol. — Choix des meilleures statues antiques, 1 vol. — Teatro d'Ercolano, 1 vol. — Différentes manières d'orner les cheminées, etc., 1 vol. — Variæ tabulæ celeberrimorum pictorum, ære incisæ, ou Recueil de dessins d'après Guerchin, etc., 1 vol. — Schola italica picturæ, 1 vol. — Diverses gravures.

397. Les monumens antiques de musée Napoléon, gravés par Th. Piroli, avec une explication par L. Petit-Radel. *Paris*, F. et P. Piranesi, 1804-6, 4 vol. in-4. fig. dos de mar. r.

399. Souvenirs du musée des monuments français, collection de 40 dessins perspectifs, dessinés par Biet, et gravés au trait par MM. Normand père et fils, avec un texte explicatif par Brès. *Paris*, 1821, gr. in-fol. dos de mar. r. n. r.

400. Monumens français inédits, pour servir à l'histoire des arts, etc., rédigés, dessinés, gravés et color. d'après les originaux, par N. X. Willemin. *Paris*, 1806-25, 50 livr. in-fol.

BIOGRAPHIE.

401. Vies des hommes illustres de Plutarque, trad. du grec par D. Ricard, ornées de cartes, de bas-reliefs et de portraits d'après l'antique. *Paris*, Aug. Duboys, 1828-1831, 6 vol. gr. in-4. pap. vél. dos de mar. bleu à nerfs, n. r.

Contenant les Vies de Plutarque, d'Alexandre, de César, de Caton, de Démosthènes et de Cicéron, formant les tomes 1, 9 et 12, les seuls publiés.

Les épreuves sont avant la lettre, les contre-épreuves et les eaux-fortes sur papier de Chine.

402. XII primorum Cæsarum et LXIIII ipsorum uxorum et parentum ex antiquis numismatibus

in ære incisæ effigies, ex variis authoribus collectæ per Levinum Hulsium. *Spiræ*, 1499, in-4. fig. b. m.

403. Les douze Césars et les douze impératrices romaines, d'après le Titien, gravés par Sadeler. (24 pl.) gr. in-4. cart.

404. Galerie historique des hommes les plus célèbres de tous les siècles et de toutes les nations, contenant leurs portraits gravés au trait, etc. publiée par Landon. *Paris*, 1805, 13 vol. in-12, dos de mar.

405. Recueil de portraits (environ 350) de personnages illustres pour servir à l'histoire de France. *Paris*, Odieuvre, S. D. 4 vol. gr. in-4. v. m.

406. Portraits (environ 400) des personnages illustres de l'un et de l'autre sexe, recueillis et gravés par Odieuvre, 2 vol. in-4. v. m.

407. Observations sur quelques grands peintres, avec un précis de leur vie, par Taillasson. *Paris*, 1807, in-8. v. r. fil.

408. Histoire de la vie et des ouvrages de Raphaël, par M. Quatremère de Quincy. *Paris*, 1824, in-8. portr. d. rel. n. r.

409. Histoire de la vie et des ouvrages des plus célèbres architectes du XIe siècle jusqu'à la fin du XVIIIe, par M. Quatremère de Quincy. *Paris*, 1830, vol. gr. in-8. fig. cart.

410. Le Parnasse français, par Titon du Tillet. *Paris*, 1732, in-fol. portr. v. m. fil.

411. Histoire de la vie et des ouvrages de J. La Fontaine, par Walckenaer. *Paris*, 1820, in-8. fig. br.

412. Mémoires de Goldoni pour servir à l'histoire de sa vie et à celle de son théâtre. *Paris*, 1787, 3 vol. in-8. d. rel.

FIN.

www.ingramcontent.com/pod-product-compliance
Lightning Source LLC
LaVergne TN
LVHW010623110826
845149LV00003B/1023

9782013032650